## 1부

| | |
|---|---|
| 뱀과 옛 풍경화 | 9 |
| 뱀과 고향 | 11 |
| 땅꾼 아저씨 | 12 |
| 뱀과 처녀 선생님 | 13 |
| 뱀과 줄다리기 | 15 |
| 뱀과 제비집 | 17 |
| 뱀과 돼지우리 | 18 |
| 뱀과의 약속 | 20 |
| 뱀과 검정 고무신 | 22 |
| 뱀과 폐결핵 약 | 24 |

## 2부

| | |
|---|---|
| 대밭 속의 뱀 | 29 |
| 뱀과 독수리 | 31 |
| 뱀과 두꺼비 | 32 |
| 뱀술 | 34 |
| 뱀과 어린 시인들 | 36 |
| 코리아 코브라 | 37 |
| 아나콘다 | 38 |
| 땅꾼 아가씨 | 39 |
| 왕뱀의 울음소리 | 41 |
| 새같이 나는 블랙 맘바 빛 뱀 | 42 |

## 3부

뱀과 들쥐 47

살모사 49

뱀과 작문 시간 51

뱀과 정치망 52

뱀과 술안주 54

뱀탕 56

슬픈 뱀 58

뱀 알 꽃다발 60

집 지킴이 뱀 62

뱀과 산딸기 63

## 4부

뱀과 하늘의 용사 67

뱀 없는 수우도 68

뱀탕과 새신랑 69

신비의 검은 뱀 71

뱀과 닭 73

뱀과 파도 75

뱀과 소 77

백사 78

두 동강난 뱀 80

까치 독사 82

## 5부

| | |
|---|---|
| 시 한 편 | 85 |
| 코로나가 완치되는 시 한 편 | 87 |
| 어떤 병원 | 88 |
| 아이는 시인이다 | 90 |
| 악마의 음성 | 91 |
| 사랑이란 언어 | 92 |
| 나의 18번 시 | 94 |
| 단어 놀이 | 96 |
| 지구의 일기장 | 98 |
| 자화상 | 99 |
| 파도 꽃 | 101 |

## 6부

| | |
|---|---|
| 세월 | 105 |
| 소도시 | 107 |
| 외로움 | 108 |
| 초가삼간 | 109 |
| 바람 속의 놀이 | 110 |
| 사랑과 분노 | 111 |
| 위선 속의 바다 | 112 |
| 밤이슬 맞으며 피어난 하이얀 박꽃 | 114 |
| 꿈의 무게 | 115 |
| 새장가 | 116 |

장엄한 죽음 118

## 7부

밥 한 끼 121
또 하나의 계절 122
택배 일 123
지역 축제 선거일 124
하나된 삶 126
승천 128
방명록 129
침묵 너머 130
사랑총 131
가을 박물관 132
벌들이 사라지면 133

축하의 시 | 허영자 137
시인의 말 139

1부

# 뱀과 옛 풍경화

짚신을 신고 다니는 마당
염소는 깔끔하게 풀 뜯어 먹었다

닭들도 마당을 쏘다니며
긴 울음으로 정오를 알리다가
돌 틈의 푸른 이끼보다 많았던
지네들 쪼아먹었다

돼지도 풀어 놓고 키웠다
마당을 질러가는 꽃뱀 먹대명이\*도
꿀꿀거리며
배 불룩하게 잡아먹었다

짐승들은 서로 다툼이 없었다

똥개 한 마리
어둠 속 바람과 함께
밤 도둑같이 기어드는 뱀

---

\* 먹대명이: 크고 검은 구렁이를 남쪽 지방의 사투리로 부르는 뱀. 사람을 간혹 대명이 같다 말하기도 함.

멍멍 짖어 가만가만
달아나게 하였다

옛 풍경화는
늘
나를 새롭게 한다

## 뱀과 고향

사람들이 떠나면
다랭이 논마다 잡풀이 우거진다
개구리도 뒤따라 떠나갔다
알곡 하나 없는 들녘
득실거리던 쥐들도 고향 들녘을 떠나갔다

어스렁 어스렁
쥐 잡으려 뒤따르던 뱀
땅바닥을 기어 떠나고 있다

고향 하늘 연기같이
다들 흩어져 가고 없다
쥐들의 꽁무니 따라 뱀들은
다 떠나갔지만

고향 마을을 지키려
떠나지 못한 검은 먹대명이 한 마리
외로움에 장대같이 삐쩍 마른 채
바위 속 웅크려
저 홀로 남아 있다

# 땅꾼 아저씨

바닷가에 텐트를 치고 있는
땅꾼 아저씨 자갈밭
코골이로 낮잠에 빠져 있었다
하굣길 아이들이 왁자한
소리에 바다로 가지 뻗어간 소나무
위의 새 무모하게 뒤쫓았다

뱀 한 마리 땅꾼 아저씨
머리 맡 몸뚱이 공같이 휘감으며
떨어지고 있었다

꿈결 속의 아저씨 얼떨결에
일어나 밧줄을 감는
어부들의 부푼 손길로 말아

뱀들이 우글거리는
나무 상자 하나 열어젖혀
함박웃음으로 친구 하나
넣어주고 있었다

# 뱀과 처녀 선생님

부산에서 오신
나의 초등학교 처녀 선생님
운동장에서 뛰놀다 보았다
방문을 열어젖힌 채
낮잠을 주무시는 초가
사택의 지붕 위에는

어른 팔뚝 같은 검은 뱀
암수 두 마리 하얗게 배
드러내며 좋아라 뒤엉켜 있었다

음악 시간 선생님이 가르치던
합창으로 선생님 선생님
뱀 두 마리 지붕 위
뒹굴고 있어요 노래했다

아이들의 돌담 너머 외치는 소리
잠결 속 들었지만
선생님의 발길마다
부딪쳤던 뱀들

고향의 꿈속을 헤매느라 잠
깨지지 않았다

# 뱀과 줄다리기

초등학교 수업이 끝나
산 너머 사는 친구들
여름 불볕 속 왁자하게 가르며
집으로 가는 굽이진 산 중턱

검은 대명이 한 마리
언덕길 사람들의 걸음보다 빠르게
가쁜 숨 몰아쉬며 기어가다
업신여기듯 우리들을
뒤돌아보았다

밭둑에
똬리 틀며 길 막았다고
할머니가 지팡이로 잔등을
툭툭 쳤던 그 뱀이었다

돌멩이를 던지고
나뭇가지로 내리쳤다

못 이긴 듯 바위 속으로

기어들어 가기 시작하자
우리들은 재빠르게
뱀의 긴 꼬리 붙잡고
줄다리기를 하였다

## 뱀과 제비집


칠흑 같은 여름밤
마루 천장 제비집으로 기어오르다
마루 바닥에 떨어지는 뱀 소리에
캄캄한 밤 잠 깨어
문을 열어젖혀 보았다

반딧불이 빛 배여 나오는
긴 몸뚱이
고통으로 움츠리고 있었다

마루 바닥 천둥치듯
발로 퉁퉁 울리니
어둠 속의 마당 긴 네온 불빛을
이끌고 구불구불 달아났다

## 뱀과 돼지우리

어릴 적 우리들의 놀이터는
돼지우리 앞
돼지가 꿀꿀거릴 때마다
합창으로 따라
노래 부르며 놀았다

돌담 너머로 돼지가
환한 미소로 반갑게 얼굴 내밀면
우리들은 돼지 콧구멍 들여다보는
즐거움으로 배고픔도 잊었다

그림자를 감추는 정오

배고픈 눈길 굴리는 돼지
옆집 아저씨
똬리 튼 뱀
매듭 풀듯 꼬리 풀어
돼지 우리 안으로 던져 주었다

뱀 머리 두 발로 짓밟고

쩝쩝 단물같이 들이키는 돼지
우리들은 신기해하며
돼지의 성찬을 구경했다

# 뱀과의 약속

고향 마을
돌담 속에는 잔 등을
칼로 내리친 듯 짤린 대왕
갈치같은 꼬리 없이 날 돋은
검은 뱀 한 마리
나에게 눈길을 주었다

아무에게도 가르쳐주지 말라 하였다

어느 곳에도 본 적 없는
꼬리 없이 짤뚝한
그 뱀 슬픈 운명의 눈빛으로

날 향해 아무에게도
알리지 말라고 다시
애원하였다

오랜 세월이 지나
어떤 뱀보다 선명한
그 뱀의 약속 두려움으로

난 지켜주었다

# 뱀과 검정 고무신

초교 시절 이른 새벽
숨막히는 여름 불볕 더위를 피해
골안개 헤쳐 비탈진 논둔덕
소꼴을 베었다

벼논의 해충
흰나방들이 숨어들었다
논으로 날아들어 밤이슬 맞으며
깔끔하게 벼 털었다

산등성 첫 햇살이
내려앉을 즈음
검정 고무신 뒤꿈치가
당겨져 뒤돌아보았다

꼴 베는 낫질 소리
개구리가 다 달아나 뒤쫓던
독사 한 마리 검정 고무신 뒷굽
분노한 이빨이 박혀
대롱거리고 있었다

죽어라 소리치며

낫으로 내리쳤다

돌팔매질하듯

독사의 잔 등을

# 뱀과 폐결핵 약

가난에 못 이겨
해초와 고기들이 풍성한 섬마을
사람들은 산골짝마다
육지에서 몰려와 옹기종기 모여
살았다

초등학교 가는 길

집집마다 일고여덟 명의 자녀를 낳아
긴 행렬로 서로 부르는 소리
산 노루는 산속으로 달아나고

길섶에 웅크린
큰 검은 대명이 한 마리
우리들을 보고도
느긋하게 누워있었다

뱀을 향해 우리들이
왁자지껄하게 소리치자
길섶의 아주머니 단숨에 달려와

뱀을 붙잡고 땅바닥 뒹굴었다


폐결핵에 걸린 큰아들
병마를 씻어줄 약으로 고아 먹이려
몸 휘감은 뱀 두 손으로
목 비틀어 종종걸음으로
가뿐히 집으로 가고 있었다

2부

# 대밭 속의 뱀


대밭 속을 헤쳐 나오는
바람은 없다 대밭 속을
헤매이다 뱀 한 마리
삐쩍 마른 채 기어 나오고
있다

대밭 위에 날아 앉으려다
미끄럼 타듯 참새들이
다시 날아오르고 있다

뱀 꼬리를 향해
왁자하게 울고 있다
그 울음은 울음이 아니다
기뻐하며 새들이 웃는
울음이다

친구의 사랑 이야기
대밭 속을 나와
건넛마을 퍼뜨린 적 없다

대밭 속의 어둠도
대밭을 빠져나올 수 없다
말미잘 움츠리듯 아침마다
대밭 속으로 어둠이
기어들고 있다 미아된
대밭 속의 바람 가슴을 싸늘하게 한다

# 뱀과 독수리

싸늘해지려는 초가을
나는 푸른 하늘을 쳐다보았다

하늘 속으로 떠가는
흰구름 떠받들고 동면 들어
가려는 불룩한 뱀 한 마리
독수리는 나의 머리 위
뱀 꼬리 잡힐 듯 늘어뜨리고
날아가고 있었다

나의 비명 같은 고함에도
독수리는 하늘의 제왕답게
조금도 기웃거리지 않고
휘파람 소리 던지며
멀리멀리 날아갔다

## 뱀과 두꺼비


사람들이 다가가도
두꺼비는
도망갈 줄 모른다
엉금엉금 기어갈 뿐이다

뱀 중의 왕이라는
능글능글 능구렁이를 만난 두꺼비
업신여기며 다가가자
분노한 능구렁이 입 크게 벌린다

더 대담해진 두꺼비
구렁이 아가리 속으로
제 머리를
들이밀어 넣는다

능구렁이 입안 가득
힘겹게 두꺼비 삼키자
능구렁이보다 더 붉은
두꺼비 독 온몸으로 퍼져 나간다

서서히 죽은

능구렁이 시체 속에서

두꺼비 새끼 부화해

줄줄이

풀밭 속으로 행진한다

## 뱀술蛇酒


뱀술을 담그려는
사람들은 독사보다 능구렁이를
횡재로 생각했다

길섶 동그랗게 똬리 튼
불그레한 능구렁이
조카사위
욕심으로 붙잡으려다
뱀이 먼저 물어
손가락에 대롱거리고 있다

능글능글 능구렁이
혼신으로 떼어 내었다
화염산의 붉은 노을
한 움큼 거머쥐고

이웃집 형 병원으로
달려간 조카사위
두툼하게 붕대 감은 손으로
나오자 친구들은 웃으며

그 손을 붙잡아 주었다

# 뱀과 어린 시인들

산길마다
뱀들은 똬리를 틀고 있었다
날 뒤따르던 어린 시인들
한 발 다가서려다 불안해했다

나는 돌멩이보다
쑥대 하나 뽑아 들어 불안이
없었다 쑥대로 후려치면
하얀 배를 드러냈다
쑥 향기에 취한 뱀들이

내 발자국 소리에
뱀들은 쏜살같이 달아나고
쑥대로 땅바닥을 치면
쑥 향기는 사방으로 흩어졌다

초등학교 등굣길
두려움이 없었다 어린 시인들
쑥대를 내리치며 학교에 갔다

# 코리아 코브라

일 년 내내 여름날이라면
산과 들에 코브라가
득실거릴 것이다

누가
꽁꽁 얼어붙은 겨울날의 얘기를
동남아의 코브라에게
들려주었다

개구리 들쥐
들녘을 쏘다니고 있지만
동남아 코브라는 코리아의 겨울날을
떠올리며 악몽에
얼어붙고 있을 것이다

방안에
코브라 한 마리 살고 있다
비명 소리 듣고 싶다

# 아나콘다


동물을 사랑하는 사람이 있다
코끼리 사자도
키우고 있었다 하이에나
울음 소리 들으며
깊은 잠에 든다고 하였다

배설물 넘치도록
치우느라 피곤한 몸
잠들 때마다 아나콘다에
휘감기는 가위 눌린 잠 즐긴다 하였다 아나콘다의
주둥이에 입맞춤 빠뜨림이
없었다

양 한 마리 아나콘다가
먹이로 휘감는
아침마다 모닝커피
한 잔 마시고 있다

## 땅꾼 아가씨

저녁노을을 유난히
좋아하였던 어린 시절이었다
고향 바닷가 땅꾼 아가씨 생각
입맛 되살아나듯
떠올리고 있다 긴 머릿결
키 큰 처녀였다

이른 아침 뱀 자루
허리춤에 차고 산으로
들로 뱀 찾아 헤매었다
이른 저녁이면 텐트 옆
바위에 앉아 저녁노을만
바라보고 있었다

그 아가씨 속으로
사랑하였지만 나무 상자 속
뱀들이 무서워 한 번도
곁으로 다가가 저녁노을을
함께 바라보지 못하였다

뱀 상자 속의 독사
꽃뱀 능구렁이 한 운명의
뱀이라 서로 뒤엉켜도
싸우는 일 없었다

그날의 저녁노을
오늘도 처연히 바라보고 있다

# 왕뱀의 울음소리

여름밤이었다
왕뱀의 울음소리 들려왔다
어디서 울고 있는지 가늠할 수 없었다

뱀의 왕 능구렁이 우는 곳으로
살모사 꽃뱀 밀뱀 검은 구렁이
다들 몰려온다고 하였다

능구렁이가 주위의 뱀
불러모으는 소리로 어린
나는 알았다 귀 기울이면
밤하늘의 별빛 땅 위에
깔리듯 왕의 울음 퍼져나갔다

연찬을 베푸는 곳
여름밤 이슬 헤쳐
사람들은 가려고 하였다
한 발짝도 다가갈 수 없는
왕의 울음은 여름밤의
어둠이 되어 들려오고 있다

# 새같이 나는 블랙 맘바* 빛 뱀

쇠 먹이려
바다가 내려보이는
시방개** 산길 너머 우리들은
소 앞세워 갔다

매일
오르내리는 산길이라
발걸음마다 소들은 발 디딜 곳 스스로 알아
비탈진 산길 힘들어하지 않았다

나무 사이로 소 발자국이
남긴 먼지 마른하늘로
연기같이 피어오르고 있었다
매미는 큰 울음으로
반겨 주었다

소들도
풀밭으로 다가간 곳
수평선에서 불어오는 바람

---

\* 블랙 맘바: Dendroaspis polylepis
\*\* 시방개: 통영시 사량도 옥암마을의 언덕 지명

코로 들이키며 알았다
두 팔 벌려 바다를 맞이하는
소리에
새같이 나는 블랙 맘바 빛
기다란 뱀 한 마리
바위에서 바위로
날아가고 있었다

개구리 한 마리 없는 곳이었다

이 세상 혼자 남은 뱀
외로움으로 남해 바다
저녁노을만 먹고 살았다

3부

# 뱀과 들쥐

다랭이 논의 물꼬
참게들이 쉬임 없이 파헤쳐
돌아보는 일 나의 일과였다

논으로 오갈 때마다
발길 두려움으로 멈춰지는 곳
흔한 개구리 보다
쏘다니는 들쥐 한 마리 잡아먹고
식곤증 빠진 검은 뱀
한 마리 오가는 길섶
바위 밑 웅크리고 있었다

바위를 향해 돌팔매 던져도
꿈쩍하지 않았다
어린 시절
쥐 한 마리 입으로 넘길 때에는
발걸음
소리 없이 지나기도 하였다

가쁜 숨 몇 번 들이키다

뱀이 발목이라도
휘감을까 재빠르게 지나쳐
갔다 온몸에는 땀방울이
소나기로 흘렀다

세상살이 두려움보다
어린 시절 그 두려움의
블랙홀 속으로 나는
빨려 들어가고 있다

# 살모사

뱀들은 따뜻한 곳 찾아
알 낳는다
어미들이 품어주는
것보다 포근한 곳이다

새끼가 알에서 깨어나도
모성이 없는 뱀
까투리 같이 거느려 주지 않는다
뿔뿔이 흩어져 저 알아
살아가게 한다

새끼들은 각자 은밀한 곳에서
숨죽이며 자라다
쏜살같이 풀밭 속으로
달아난다

나는 우연히 보았다
살모사가 나무 위로 기어올라
항문으로 새끼를 한 마리씩
떨어뜨리는 것을

새끼가 깨물면

어미도 죽고 만다

## 뱀과 작문 시간


초등학교 작문 시간이었다
제목은 들길마다
발길 놀라게 하는 뱀이었다

연필만 만지작이며
우리들은 얼굴만 서로
바라보고 있었다

# 뱀과 정치망

정치망 어장 하나
섬마을에 있었다
바닷물이 뒷걸음치려는
물때마다 고기는 늘 만선이었다
직장이 없었던 시절
뱃사람으로 다들 취직하고 싶어했다

힘세고 성실한 남자가 아니면
뱃사람이 될 수 없었다
생선이 많이 잡히는 어느
여름날이었다
바닷속에서 산다는 집 기둥같은
뱀 한 마리 거센 파도에 지쳤는지

장통에 몸뚱이를 휘감고
있었다 장대로 후려쳐도
꼼짝하지 않았다

암흑으로 안겨드는 두려움 못이겨
어장 밑바닥 전기로 감전시켜

가라앉게 하였다 그 다음날
어장 안에는 고기 한 마리 없었다

## 뱀과 술안주


벌 치러 간 산골 마을
사람들은 오손도손 살아가고 있었다
저녁노을이면
남자들은 모여 막걸리를 마시는
평온한 마을

동네 가운데
단체 생산한 퇴비 봉우리 위로
두둥실 보름달 떠올랐다
퇴비 생산 산봉우리 하나 더 이루려
남자들은 지게 지고
산으로 가고

풀짐 가득 지고 점심 먹는 집으로
가며 손짓을 하였다 고마움에 나는
이끌리듯 뒤따라 갔다
아낙들은 밥상을 차려 놓고 있었다
부엌에는 뒤늦은 생선 굽는 냄새
진동하고

장어 같은 꽃뱀 독사

하얗게 껍질 벗겨 구어

술안주로 남자들이 남김없이

먹어 치우고 있었다

아낙들의 볼멘 목소리만

부엌에서 들려오고

# 뱀탕

60여 년 전
집안 아지매 한 분 먼 막내아들
집으로 가는 길이었다

점심 식사 때쯤
구수한 냄새에 홀려 쫓아 들어간
도심 속 식당
손님들이 빈틈없이
앉아 밥 먹고 있었다

문맹의 이 아지매
그냥 저 사람들 먹는 탕으로 달라했다
첫 술갈에
뱃속을 시원하게 만드는
구수한 국물
한 방울도 남기지 않았다

노독에 지친 몸
시원하게 풀어졌다

계산대에서 불룩한 배 토닥이며
무슨 국물인지 묻자
주인이 호기롭게 말했다
뱀탕요

이 아지매
뒤조차 돌아보지도 않고
줄행랑을 쳤다

# 슬픈 뱀

바람도 뱀이 두려워
비끼어 불고 있다
불안 없는 햇살
앞길 밝혀 달아나고 있다

뱀 향해 내뱉은 저주의 침방울에
긴꼬리 감추고 있다
기어가야만 하는 뱀
아무도 경이로움 담아 바라보지
않아 몸뚱이는 슬픔으로 길어졌다

파르르 털며 갈라서는 풀 속
아무리 배고파도 살아 움직이는 것만
잡아먹는 뱀
죽은 개구리 비켜
쥐 한 마리 잡아먹고
돌 담장 위 식곤증으로 늘어져 있다

우리를 되비쳐 주고 있는
거울 같은 정오의 햇살

부풀어 오르는 두려움에도
왁자한 참새 떼의 함성으로
우리들은 달려갔다
황금빛 흔적만 남겨놓고

# 뱀 알 꽃다발


비탈진 산길의 큰 밭
비료가 없었던 시절이었다

아침마다 소꼴 한 짐 베어 날라
등굣길 언제나 지각이었던 어린 나
방과 후
거름 한 짐 져 올리느라
늘 녹초가 되었다

어느 봄날 나는 보았다
소의 오줌똥 엉성하게 뒤섞이는
두엄 더미 쇠스랑으로 뒤엎으며
왕릉 하나 쌓아 올리다

계란만한 검은 대명이 말랑말랑한 알
꽃다발로 엮이어 있었다

대명이 해치면 다들
해롭다 하였다
두려움으로 그 꽃다발

마른 잎으로 덮어 주었다

# 집 지킴이 뱀

집집마다 집 지킴이 뱀
한 마리 있었다 그 뱀 해치면
불행한 일 생긴다 하여
사람들은 두려워하였다

초가 처마 밑 쥐구멍 찾다
종이로 바른 중천장
잘못 기어들어 와
빈방에 떨어졌다

낯선 방 안만 두리번거리다
방바닥 깔아 놓은 이불 위
똬리 틀고 낮잠에 빠져 있었다

들녘으로 일 나간 아낙
방문 열어젖히자 돌담에서
늘 보았던 뱀과 눈길 마주쳤다
뱀 몸 둘 바 몰라
머리를 똬리 속에 감추고 있었다

# 뱀과 산딸기

개구리 들쥐 떠나가자
뱀들도 다 떠나고 없었다
배고픔으로

남해 바다 길다랗게 뻗은
사량도의 산 정상
산돼지의 입김에 쫓겨 온 독사
등산길 사람
놀라게 하고 있다

이른 봄 한 뼘씩이나 자란
고사리 꺾으려는 아낙들의 손가락
깨물기도 하였다

아침마다
산딸기 하나 허기로 따먹고
역류하는 침 산딸기 잎새
하얗게 뱉어 놓았다
그 나무 산딸기
아무도 따먹지 않았다

4부

## 뱀과 하늘의 용사

뱀은 두려움으로 살아간다
독수리는 뱀을 발톱으로
낚아채 간다
정의의 하늘 용사는
뱀을 증오한다

몰래 새 둥지에 기어들어
알을 훔쳐먹는 뱀
새들이 와자하게 울며
서둘러 둥지로 날아오르고
둥지 속 뱀은 움츠려 있다

어미 새가 바늘 같은 부리로
쪼아대자 달아나는 뱀
풀밭 속으로 숨어든다

# 뱀 없는 수우도

올챙이섬에서 개구리섬으로
연이어 솟아난 통영 수우도
뱀이 우글거려 어떻게 살아가는지
아는 형수에게 안부 전화하였다

깊은 밤 호롱불 눈빛 밝혀
섬에서 섬으로 산돼지는 헤엄쳐 와
뱀이란 뱀 다 잡아먹었다 한다

산안개 에워싸는 산속의 돌 틈마다
숨어든 독사 주둥이로 파헤쳐
발길마다 부딪치던 뱀 한 마리
남아 있지 않다고 한다

섬은 비워지고 비워져
더 쓸쓸해졌다 한다

# 뱀탕과 새신랑

처가살이하는 이웃 새신랑
신혼의 황홀함 이루려
고기잡이보다 수월한
바위 속 뱀 잡았다

새색시 몰래 무쇠솥
길섶에 걸어놓고 뱀탕 끓였다
나무도 즐거움으로 불타올랐다

유난히 매형을 뒤따르던
올망졸망한 어린 처남들
학교 수업 마치자마자
곧장 집으로 달려갔다

하얀 사기그릇 하나씩 들고
매형 곁에 둘러앉아
기름기 넘쳐나는 국물
입맛 다시는 눈빛으로
떠먹고 있었다

새색시 얼굴에도
신혼의 기쁨이 가득했다

# 신비의 검은 뱀

보리타작하는 어느 여름날
뿌연 먼지 속 돌담 너머
우리 집 외양간 바지랑대 같은
뱀 한 마리 긴 몸뚱이
흔들며 기어왔다

머리에서 꼬리까지
하얀 담배 필터 하나로 이어진
몇십 년쯤 눈길 피해
살아온 신비의
검은 뱀이었다
불구경하듯 다들
바라보고만 있었다

스무 살의 나는
두려움 이겨내며
한 뼘씩 자치기하듯
기다란 바지랑대
냇가로 떠밀어 넣었다

메주콩만한 콧구멍
내쉬는 숨결
나의 얼굴을 스쳐 가고
나무마다
새 떼 지어 날아갔다

그 숨소리 오늘도 귓가에
들려와 나를 움츠리게 한다

## 뱀과 닭

밤 숙제를 끝낼쯤이었다
닭장 안의 닭
무엇에 쫓기듯 와자하게 울음을
터뜨리고 있었다
고향의 누님 닭장 우리 안
호롱불 들고 들어가 보았다

뱀 한 마리 우리 안의 천장
불빛 내뿜으며 입 벌린 채
닭들을 향해 몸
늘어뜨리고 있었다

비명지르는 누님 입 막으려는지
얼굴 향해 뱀이
떨어지고 있었다

놀란 닭들
바람보다 빠른 날갯짓으로 황급히
닭장 밖으로 달아났다

기다랗게 내뿜는 불빛
밤마다 악몽으로 어른거려
보름달이 떠도 누님은
문밖으로 나서지 못했다

# 뱀과 파도

통영 동백꽃 피는 중화동
벌을 치러가는 어느 봄날
아는 형이 들려준 어린 시절

바다에 고기를 낚고 있었다
파도 속으로 앉았다 다시
날아오르는 갈매기 향해
뱀들이 헤엄쳐 오더란다

놀라움에 구름 높이 날아올라
사라진 갈매기
당황해진 뱀들
쉼 없이 안겨드는 파도
힘겨워 했다

장대를 바닷속으로 내려쳐도
배들을 향해 떼 지어
헤엄져 와 뱃전으로
기어오르려 하였다

배들 닻줄 황급히 감아올려 수평선 향해
노 저어 달아났다
파도가 반짝이는 곳
손가락을 찔러 넣으며
바다를 향해 가리키고 있었다
파도마저 잠잠해진 그곳에는
갈매기 한 마리
내려앉지 않았단다

# 뱀과 소

노을이 스며드는 저녁
풀 한 무더기씩 낫으로 베어 놓았다
출렁거리도록 풀 뭉쳐지고
눈 감고 되새김질 빠졌던 소는
바람에 실려오는 풀내음에 일어나
나를 기다리고 있었다

내동댕이치듯 말뚝에
매여있는 소 앞 풀 짐을
풀어 놓아주었다 나도 모르게
풀더미 속 돌 틈에 기어들어 간
독사 한 마리 소 콧등 향해
달아나고 있었다

소는 공중으로 두 발 치켜들고
황급히 물러나도록 나를
향해 비명을 질렀다

# 백사

하얀 몸뚱이의 뱃속
백사는 드러내고 있었다
위 속에도 먹은 것도
다 보였다

재물이 불어나는 징조를 알아
그 집의 청마루 위 서까래에 웅크렸다
몸속의 실핏줄 움직이며
기어다니고 있었다

집집마다 백사를 기다리고 있었다
가세가 기울어져 갈 징조
백사는 알고 있었다 밤 사이
흔적없이 사라지고 없었다

부러워 하였던 그 집의 대들보
삐걱거리는 소리
깊은 밤 들려온다 하였다
어느 때였는지
죽을 사람도 살리는 약 된다는

소문 퍼져가고 있었다

어느 산길에서 백사 한 마리 잡아

횡재하였다는 소문들도

들려오곤 했다


두려움 못 이겨 백사는 사라져갔다

# 두 동강난 뱀


돌담 속 웅크렸다 사람의 눈길이
부끄러워 검은 대멩이
사라지고 있었다
쥐약이 귀했던 어린 시절
쏘다니는 쥐 매일
배부르게 잡아먹고 있었다

지붕 서까래 같은
검은 구렁이 바위 속으로 기어들어
가고 있었다 아이들은
까칠까칠한 호박잎으로
꼬리를 감싸 잡아당겼다
배 바닥 비늘을 곤추세워
미끄러지듯 아이들은
이끌려 가고 있었다

뱀장어 보다 매끄러운 뱀
칡넝쿨로 꼬리를 꽁꽁 묶어
다시 잡아 당기니 버티고 버티다
두 동강 나서 사라져버렸다

에라 모르겠다

뱀 껍질 한 뼘씩이나 남겨 놓고

하얀 꼬리로 사라져갔다

## 까치 독사

맹독을 지닌 까치 독사
검은 반점이 뒤섞여
풀섶에 웅크리고 있었다
두 눈 앞으로 향해 있어
뒤로 다가가 보았다
머리들어 앞만 바라보고 있었다
무심결 다가오는 사람 향해 달려오면
사람들은 재빠르게
옆으로 비껴갔다

팔짱 끼고 바라보고 있었다
뒤돌아보지 말고 앞만 보며 살아가라
는 옛 어른들의 말씀 까치 독사에게
배워온 것이었다

세상살이 뒤돌아보며 살아가는
사람들 많다
까치 독사는
뒤돌아 보지 않는다

# 5부

# 시 한 편

시 한 편 새장의 키 되어
새들을 날려주고 있다

나는 시를 쓸 것이다
시 한 편 쓸 때마다 새장 속의
새 한 마리 날아가고 있다

새들은 나무 위에서
나의 시로 노래 부르고 있었다
오늘도 시를 쓰고 있다
나의 시로 새들도 가냘프게
노래하고 있다 청아하게
산골짝마다 노래하고 있었다

새들이 노래하는
새장 안의 새 한 마리
나의 시로 오늘도 날려주고 있다
새장 안에서 힘차게 날아오르고 있다

새장마다 텅 빈

새장뿐이었다

나는 시 한 편 쓰고 있다

# 코로나가 완치되는 시 한 편

시를 읽으면 코로나가 완치되는
시 한 편 쓰고 싶다
사람들의 가난도 벗어나는 시 한 편 쓰면
나도 시인이 되어 있을 것이다

코로나 백신 만든 이들의 염원으로 시 쓴다면
밤하늘의 별들이 눈 속에 반짝이듯
코로나에 벗어나는 시 한 편 쓰여질 것이다

목욕탕에서 때 벗겨내듯
감기마저 벗겨지는 시 한 편
아직도 쓰여지지 않고 있다
감기가 완치되는 시 한 편 있었다면
고뿔을 사나흘씩이나 앓지 않았을 것이다

시를 읽으면 코로나가 완치되는
시 한 편 쓰고 싶다

# 어떤 병원

석가도 예수도 믿지 않는 사람을
알게 하고 따르게 하는
병원
시심도 우러나고 시도 쓰이게 하는
병원

사람들이 줄지어 진료를 기다리고 있다

번호표 뽑아 기다리는 사람마다
시 한 편 옹얼거리고 있다
석가도 예수도 사랑하게 하는
병원

대리 처방은 허용되지 않는다

남을 사랑하고 용서하며
살아가게 하는
병원
육신의 아픔이 아니라
마음속의 병 낫게 하는

병원

병원장도 사랑과 용서로 살아온 사람이다

# 아이는 시인이다

아이들은 이 세상의 시인이었다
따뜻함을 퍼뜨리는 시인들이 마을마다 없다고 한다
읍 사무소 시인들의 출생신고
전무하다고 한다

시인들의 초등학교
시골마다 폐교되어 잡풀이 운동장을 덮어가고 있다
허리 구부정한 할머니들
공같이 골목길 쏘다니는 시인 한 번
안아볼 수 없다고 한다

시인들이 태어나지 않는 세상
우리는 살아가고 있다
도심 속으로 거닐다가
시인을 임신한 여인을 만날 때마다
건강하게 시인들이 태어나기를
나는 기도하고 있다

# 악마의 음성

악마와 종이 한 겹의 사이를 두고
나는 시를 쓰고 있다
악마의 음성에 맞춰 시가 된다
악마는 그의 음성이 나의 시가 되는 줄 모른다

휴전선 칠흑의 밤같이 악마는 오늘 밤도 나를 긴장시킨다

악마가 나를 사랑하지 않아
나의 펜은 늘 떨리고 있다
시 한 편 쓰이는 날이면 나의 긴장도 풀어지고 악마의 목소리에도 귀 닫아 버린다

새로운 시 창작이 필요하면
나는 다시 악마의 목소리를 쫓는다
보름달이 중천에 뜬 밤이나 풀벌레 울음 위로 밤이슬 내리는 새벽녘에
나는 다시 귀 기울인다

악마는 그의 음성이 나의 시가 되는 줄 아직도 모른다

# 사랑이란 언어

언어들의 냄새 맡지 못하고
나는 시를 쓰고 있네
그리움은 아이 같이 다가와도
사랑은 산 만큼이나 가까이 다가오지 않네

가슴 속에는 샘물같은
맑은 마음이 솟아나지 않네
수평선 바라보듯 세상을 바라보지 못하네
내 시도 여전히 새로워지지 않네

사랑이란 언어에
사랑이 보이지 않네

사랑이란 강물만큼 일렁거려야 하네
농익은 산 열매만큼 달달해야 하네

사랑이란 말 우리들을
서로 껴안을 수 있게 해야 하네
용서는 비워지게 해야 하네

그리고

나는 너를 사랑하네

# 나의 18번 시

노래방마다 사람들이
자신들의 18번 노래 부르고 있다

나에게도 마음속으로 그리는
나의 18번 노래 하나 있다

빛이 사라지려는 찰나
죽음을 맞이하는 순간에
읊조리고 싶은 나의 18번 시

그러나 나의 18번의 시
아직 쓰이지 않았다
세 권의 나의 시집 속에도
18번의 시는 없다

오늘도 나는
어쩌면 무지개 잡기처럼 영원히 쓰이지 않을지도 모를
나의 18번의 시를 쓰고 있다

누구나 노래방에서 부르는

자신들의 18번 노래 같이 읊을

나의 18번 시 한 편 쓰고 싶다

# 단어 놀이

봄 단어에 용돈을 주고 싶다
한 그릇 음식이라도 대접하고 싶다

겨울날 내내 그리워하였던
봄 나비 단어가 날아다니고 있다
봄날의 단어가
날 설레이게 한다
날 따뜻하게 한다

봄바람의 단어가
나뭇가지를 흔들고 있다
나를 춤추게 한다
아지랑이 단어가 대지를 녹이고 있다

꽃들의 단어가
꽃향기 퍼뜨리고 있다
봄맞이 단어 봄맞이 가자 한다
하늘이란 단어
무심히 하늘을 쳐다보게 한다

봄 하늘 아래

지구라는 단어 있다

# 지구의 일기장

365일은 지구의 일기장이다
꽃 피고 눈보라 치는 날도
지구는 일기를 빠뜨리지 않는다
하루하루 지구의 일기장
나를 뒤돌아보게 하다

지구의 일기장은
지난날 선명하게 떠올려 주고 있다
마음속 지니고 살아가게 한다  .

지구의 일기장 속에는
8.15 해방의 기쁨이 나에게는 없다
기억에도 없는 6.25가 있다
사라호 태풍도 지구의 일기장 속에서
폭풍으로 몰아치고 있다

일기를 쓰지 않아도
지구의 일기를
매일 떠올리고 있다
지구의 일기장 속에
내 이야기가 있다

## 자화상

나는
사람들에게 쓸모없어진 나를
헐값에 사들이리라
언젠가는 다시 나를
비싼 값에 팔기 위해서

장삼이사인 나를 우아하게 포장하고
아름답게 광고하여
값비싸게 팔아먹었다
가는 곳마다 자랑을 수 놓듯이
늘어놓아 나를 부풀리자
사람들은 날 대어로 여겼다

한철 잘나갔던 나는
이제 거리에 버려지고 말았다
불어불어 풍선이 커지자
그만큼 속도 비워갔다
나를 비싸게 팔아 부요하게 살아갈수록
나는 사람들에게 버려지고 있었다

나의 얼굴

측은함도 없이 바라본다

버려진 나를 다시 데려와
아름답게 다듬고 알차게 속을 채우리라
그리하여 마침내 거품 없는 비싼 값으로
나를 팔리라

# 파도 꽃

파도 꽃 꿀 따려
바닷가에 벌통을 치고 있다
파도꽃 피었다 시들지만
바다에는 쉬임없이
피어나고 있다

꿀 따 가도록 파도 꽃밭
수평선으로 펼쳐지고 있다
벌들이 바다속 가르며 날고 있다
파도 꽃이 시들며 다시 피는
꽃밭 속에서 벌들은 날아 앉아
꿀 따 날아오르고 있다

갈매기는 벌떼들이 두려워
하늘 속으로 맴돌고 있다
고향의 바닷가
벌통을 줄지어 놓았다
풍성한 파도 꽃의 꿀
나는 채밀을 하고 있다
세상일에 지친 사람들 파도꿀

한 숟갈 떠먹고 철썩이는

희망으로 되돌아가고 있다

6부

# 세월

세월에
만점을 주었던 날 없었다
원망만 하였다

세월이
너무 느리게 간다는 소리
너무 빠르게 간다는 소리
귀 멍멍하도록 들었고
듣고 있다

세월은
보이지 않아 재촉할 수도
붙잡을 수도 없었다

초등학교 시절의 친구들
모여
세월은 절벽을 굴러가는
돌덩이 같다고 합창한다

세월은

바람보다 가벼워
상처 하나 없었다

총알보다 빠른 힘으로
낮이 가고 달이 가고 있다

# 소도시

소도시에는
문방구 가게 하나 서점 하나 있었다
전통 찻집 하나 해장국집도 하나 있었다

그 소도시의 가게마다
경쟁심이라곤 없었다 미용실 하나
이발소 하나 있었다
동물병원도 하나 막걸리집도 하나만 있었다

그곳의 사람들은
정겨움이 넘치고 있었다
짜장면집 느슨하게 사람들이 줄지어 있었다

나는 그 소도시를 떠나며
하늘을 바라보았다
흰 구름 하나 떠 있었다

# 외로움

고향을 떠나오며
외로움을 남겨놓고 떠나왔다

나는 다시 외로워하지 않았다

고독함도 그리움도
다 남겨놓고 떠나왔다

40여 년이 넘도록 고독하지도
그리워하지도 않았다

바람에 흔들리는 버들잎으로
바닷속의 고향 설레며 바라보고 있다

외로움이 나를 바라보고 있다

## 초가삼간

열 번쯤 겨울바람을 들이키면
콜록콜록 기침이 난다
백 번을 들이키면 감기에 걸린다 한다
열 번 스무 번 들이키고
집으로 돌아가는 사람
뒷모습이 사라지고 있다

기침을 헤아리지 않아도
감기에 걸릴 즈음 겨울나무는
삭정이 하나 떨구고 있다

어머니는 겨울바람을 천만 번이나 들이키다
이쪽저쪽 코 눌러 콧물로
감기를 풀어내고 있었다
저녁 어스름이 내려도
케케묵은 쭉정이를 골라내고 있었다

훌훌 털고 일어서도록
머리에 두른 초가삼간 흰 수건
겨울바람이 벗겨가고 있다

## 바람 속의 놀이

어릴 적 바람 속으로
질러가는 놀이를 하곤 했지요
바람에 등 떠밀리는
놀이도 하였고요

바람 속을 질러가지 않았다면
나도 세상을 헤쳐가지 못했겠지요

등 떠밀려도
나는 넘어지지 않았지요
어릴 때 바람 속의 놀이를
하지 않았다면 지쳐 쓰러졌겠지요

지금도
그 놀이로 살아가고 있지요

## 사랑과 분노

나에게 먼저 다가오는 것은
언제나 분노였고
슬픔도 함께 오곤 했다

분노에 사랑은 늘 동행하지 않았다
섞이려고도 하지 않았다
가끔 연명 주사처럼 죽음 직전에나 찾아주었다
그것도 느긋하게 홀로이 느릿느릿 다가왔다

사랑이나 기쁨이 나에게 다가온다면
얼마나 좋을까
나는 늘 기도하고 갈망했지만 그들은 늘 멀리 있었다

나는 무지해 사랑을 모르고 있었다
사랑이 분노보다 먼저 내 곁에 늘 머무르고 있었는데도
사랑이 스스로 제 자랑을 하지 않았기에

그래서 이제껏
나는 사랑을 노래하지 못하고
분노와 슬픔만 노래했다

# 위선 속의 바다

나의 위선을 벗기면
심해의 바다 내 속에 있다
호흡마다 암초의 삼각 파도
솟구치고 있다
한숨이나 슬픔으로 나는 늙어
파동으로 펼쳐져 가는 바닷속으로
항해할 수 없었다

감기에 콜록거리면
배 한 척 텅 빈 바다 위 솟구쳤다가
파도 속으로 파묻히곤 했다

나는 서둘러 기침을 멈추고
어둠 속 까맣게 깊어가는
뱃사람들의 간절한 기도 소리를
엿들었다

나의 혈관 속의 항구로 항해하게
고요의 리듬
내 속으로 던져 주었다

고기를 낚아 올렸다 놓아 주었던 내 속의 바다

흑돌고래 꼬리를 내리치면

나의 몸은 지진으로 흔들렸다

# 밤이슬 맞으며 피어난 하이얀 박꽃

밤새워 벌통을 이동한 날들이 있었다
친구들과 술 마시며 밤새운
젊은날도 있었다
외로움으로 인생길 선명하게 펼치며
지새운 날도 있었다
크게 후회하고 절망도 하였다
지난날의 나만의 보석이었다

여름밤 밤새워
벌통을 배봉하며 보았다
밤이슬 맞으며 피었다 어둠속으로 시드는
하이얀 박꽃
나만 바라본 아름다운 꽃이었다

동녘의 태양 떠오르며 또 보았다
벌 날으는 방향으로
그물망의 어장 거미는
밤새워 거미줄을 쳐 놓고 있었다

## 꿈의 무게

낯선 곳에서 꿈 하나 가졌다
꿈이 무거워 꿈을 지고 귀가할 일
나를 끙끙거리게 하였다
꿈을 택배로 부칠 수도 없었다
짐짝 속으로 사라져 버릴 수가 있기에
도난도 당할까 불안스러웠다

꿈의 무게는 쌀가마니
서너 개쯤의 돌덩이 같았다
택시를 타려고 하였지만
기사는 탑승을 거부했다
무거워 실을 수 없다고 하였다

꿈은 나눠 담을 수 없다
그렇다고
꿈을 버린다는 것 너무 허망하다

꿈의 무게가 지금
나를 난감하게 하고 있다

# 새장가

봄꽃 만발한 어느 봄날
나는 동산에 누워 먼 바다를 보며
설핏 잠이 들었다

봄바람이 나에게
은밀히 속삭였다

진달래 모란꽃 거느리고 장가 가!

그러면
꽃들마다 아름다운 여인이 되고
새들은 목청 고운 가수 되어
노래를 불러주고
꽃잎에 날아와 앉은 나비는
무희 되어
네 앞에서 춤을 추리라고

한평생 영화를 누리며 살아가고
산들은 너의 대궐이 되고
강물은 네 대궐 앞 해자와 호수 연못이 되리라고

그렇게 백 년이 아니라

수만 년 알콩달콩 살아가리라고

꽃피는 봄날에

진달래 모란꽃 거느리고

나는 꿈 속에서 새장가를 갔다

## 장엄한 죽음

신이 나를 거두는 죽음은 위대하다
죽음이 없으면
무엇을 두려워하며 살아가리
절망의 길 맞이할
죽음이 있어 나 노래하리라

희망의 끈 매달린 곳
죽음이었다 산맥 같이
생이 슬픔으로 이어지고 있다

장엄한 죽음이여!
우리는 너를
기다리며 살아간다

오라! 나의 영원한 순간이여
나는 두 손 모아 맞이하리
수의는 욕망이 나를 지배하지 못하게
감싸주리
죽음은
우리들을 영원으로 인도하리라

7부

# 밥 한 끼

바람에게 밥 한 끼 사드리려 하였다
햇살도 끼어들어
식당으로 어울려 갔다

허름한 해장국집 들어서려는 순간
다 사라지고 없었다
불고기 집으로 데려갈 것 후회하며
이마에 흐르는 땀 닦으며
점심을 배부르게 먹었다

식당을 나섰다
바람과 햇살이 나를 기다리고 있었다
울컥한 감정에 떨쳐 버리려 하였지만
햇살과 바람은 떨어지지 않았다

나는 몸 둘 바를 몰랐다

# 또 하나의 계절

계절 하나 늘리고 싶다
사람들은 손뼉 치며 기뻐하리라

봄과 가을의 주례를 서리라
잎 피고 잎 지는
서로 만날 수 없었던
서늘하고 포근한 두 계절의 혼인

나의 주례는
여름날의 시기심을 잠재우리라

주례가 끝나면
잎 피고 잎 지는 두 계절이
만삭돼 꽃을 피우리라

붉게 물들어지는
또 하나의 계절

나는 사랑하리라

# 택배 일

계절이 스스로 오는 게 아니라
사람에게 일일이 배달해 줘야 한다면
나는 택배 일을 하리라

게으른 사람에게
직접 배달해 안겨 주는
하루 24시간 접수 가능 택배 일

어둠에서 새벽을 맞이하는
가장 거룩한 택배 일
나는 집집마다
여명의 첫 햇살을 배달하리라

하루 종일 택배 일로 쌓인 피로
불 켜진 주막에 홀로 앉아
한잔 막걸리로 풀어버리리라

일 년 내내
쉴 틈 없는 택배 일
사람들은 날 부러워하리라

# 지역 축제 선거일


국회의원 선거를
지역 축제로 만들어야 한다

진주에는 촉석루가 출마하고
산청 함양에는 지리산과 곶감이
출마해야 한다

속초에는 설악산이 사천 남해는 멸치가
후보로 나와 지역마다
잔치판을 벌여야 한다

남해 동해 서해 바다도 출마해야 한다
전남 나주에는 나주배가 충남 청양에는 청양고추가
제주에서는 돌하르방이 국회의원에 당선되리라

서울에는 한강이 경기 이천에는 이천쌀이
강릉에는 경포대가 강원 철원에는 노동당사가
출마해 하나의 축제장이 돼야 하리라

내 고향 통영 고성에는

석화가 당선되리라

흑색선전도 인신공격도 부정선거 시비조차 없는
그런 지역 축제 선거 날을
나는 기다리고 있다

# 하나된 삶

남북통일이 이루어져
휴전선 북쪽 동포들은 멍멍해 한다
남쪽과 북쪽 사람들 휴전선을 넘어
주춤거림 없이 올라가고 내려오고 있다

낯설음 없이 서로 손잡고
놓을 줄 모른다

그토록 오래오래 꿈꾸었던
통일이 돼 서로 얼싸안고 있다
평양으로 서울로 겨레붙이들이
내려오고 올라가는 날
휴전선은 쇳물같이 녹아 버렸다

서로 겨누었던 총칼
나무 막대기 쇠붙이 되어 버려졌다

남북을 오가던 바람처럼 철새처럼
우리는 하나 되어 살아가게 되었다

총소리에 쫓기던

나무 위의 산새들도

기쁨의 노래 합창하고 있다

## 승천昇天

돈 많은 사람들은
흰 구름 되어 승천을 한다
가졌던 것 훌훌 다 버리고
가벼워진 업業으로 흰 구름 되어
덧없는 세상 내려다본다

가난한 사람들도
머뭇거림 없이 하늘로 올라간다
살아온 가난한 마음으로
흰 구름 되어 하늘을 떠다닌다

그들 모두 지상에서 가졌던 것
하나도 남아 있지 않아
흰 구름으로 미련 없이 떠돌고 있다

사람들은 다 흰 구름 되어
하늘을 떠다니고 있다

# 방명록

한 발자국 비틀거리지 않고
과거와 미래의 방명록 찍으며 가고 있다
신발 뒤축의 과거 나를 뒤돌아보게 하였다
다시 뒤돌아보아도 과거였다

내가 남긴 방명록
뒤따르는 사람 읽고 있었다
나도 앞 사람이 남긴 방명록 따라 걸어갔다
산짐승이 남긴 방명록 유심히 들여다보았다
달아난 방향 알 수 있었다

다람쥐는 나무를 타고 사라졌다
바람은 강물 속으로 뛰어들어 흔적도 없었다
햇살은 방명록들을 눈부시게 하였다
사냥꾼은 산돼지가 남긴 방명록
표범의 눈길로 총 쏘아대며 뒤따랐다
소낙비는 안쓰러워 입맞춤으로 지우고 있었다

## 침묵 너머

침묵 너머에 살고 싶다
이 세상에 없는,
침묵 너머의 한 여인을 사랑하고 싶다

그 나라는
아무도 꿈꾸지 않고 있다
나는 침묵을 하지만
침묵 너머의 세계 나에겐 없다

침묵 너머에는
또 다른 하나님이 있다 그 나라는
아무도 절망하지 않을 것이다

그 나라에 핀
꽃 향기 맡아보고 싶다
침묵 너머 부르는 노래
나는 불러보고 싶다

침묵 너머로 갔다
천 년이 지나도 다시 돌아오지 않고 있다

## 사랑총

나는 단풍나무 향해 총을 난사하였다
가을날 붉게 물들어가고 있다
사람들은 총구를 향해 달려오고 있다

꽃가게 아가씨
총 한 방 가슴에 쏘아 줄 것이다
복사꽃 사랑하게 할 것이다

오월의 장미 나는
총을 난사하였다 불타오르며 다시
꽃 피우고 있다 새벽
하늘을 향해 총을 난사하였다
어둠이 사라지고 있다

총 쏘지 않았다면
열 번씩이나 변하는 오늘
쓸쓸함도 외로움도 없었을 것이다
서녘 하늘 향해 총을 쏘았다
노을이 혼신으로 불타오르고 있다

## 가을 박물관

나뭇잎 붉게 물들이는
가을 박물관 하나 있었으면 좋겠다

나뭇잎이 떨어지고 기러기 날아오는
가을 박물관
꽃피는 봄날
사랑하는 사람과 관람하고 싶다

가을바람 두 팔 벌려 껴안으며
사람들이 줄지어 선 가을 박물관 하나
이 세상에는 없다

계절은 늘 다시 오지만
나는 가을 박물관 하나 개관하리라
가을을 회상하며 쓸쓸하게 잠길 의자도
줄지어 놓으리라

발길마다 나뭇잎 흩날리게 하리라

## 벌들이 사라지면

벌들이 사라지면
꽃피지 않는 세상이 되리

산바람에 꽃향기도 실려오지 않고
사랑도 우러나지 않으리

해마다 비 내리고 햇살 눈부셔도
꽃은 피어나지 않으리

봄이 와도 꽃피우는 기다림도 없고
새들도 노래하지 않으리

폭력이 폭력을 낳고 낳는 세상으로
자연은 고요와 침묵 속에 황야가 되리

축하의 시
시인의 말

**축하의 시**

## 양봉일지養蜂日誌 쓰는 시인

허영자

통영 앞바다
꽃잎처럼 떠있는 아름다운 섬들
그중에도 사량도蛇良島
뱀 모양 닮았다고
뱀이 많이 사는 섬이라고
사량도라 이름한 섬

그 섬에
눈빛 맑은 한 소년이 살았네
넓고 넓은 바다는 그의 놀이마당
또한 삶의 터전
우러러
푸른 하늘은 그의 꿈의 터전

간단없는 파도의 율동은
그의 몸속 운율을 깨웠고
흐르는 구름은
그의 마음속 시혼을 깨웠네

시인 이종만李宗萬

양봉일지 쓰는 시인
꿀벌처럼 부지런한 사람
꿀벌처럼 성실한 사람
꿀벌처럼 봉사하는 사람
처음과 나중이 다름없는 사람

꿀벌이 꿀을 따오듯이
꽃가루를 물어오듯이
삶의 마디 마디에
정성을 다하는 꿀벌시인
소박하고도 순수한 사람

혼탁한 세상 한 고샅에
숨어서 핀 가만한 꽃
향기를 모으고 꿀을 모으고
시를 모으는
양봉일지 쓰는 시인
이종만.

**시인의 말**

나의 시는

그리움과 외로움의 몫이고,

나의 시 쓰기는

내 몸을 공중으로 들어 올리는 것이다

실천문학시집선 314

뱀타령

2025년 07월 28일 1판 1쇄 박음
2025년 08월 12일 1판 1쇄 펴냄

지은이　　　　이종만
펴낸이·편집장　윤한룡
디자인　　　　윤려하
관리·영업　　　이소연
홍보　　　　　고　우

펴낸곳　　　(주)실천문학
등록　　　　10-1221호(1995.10.26)
주소　　　　남양주시 퇴계원읍 퇴계원로 52 405호
전화　　　　02-322-2161~3
팩스　　　　02-322-2166
홈페이지　　www.silcheon.com


ⓒ 이종만, 2025
ISBN 978-89-392-3171-9 03810

**경상남도** 경남문화예술진흥원
GYEONGNAM CULTURE AND ARTS FOUNDATION

이 책은 경상남도, 경남문화예술진흥원의 문화예술지원을 보조 받아 발간되었습니다.

이 책 내용의 전부 또는 일부를 재사용하려면
반드시 지은이와 실천문학사 양측의 동의를 받아야 합니다.